Capire e crescere con sensibilità i bambini altamente sensibili

Come accompagnare e sostenere il suo bambino emotivo nel suo percorso e crescerlo felicemente senza sgridarlo

Mareike Waldecker

CONTENUTI

Cosa può aspettarsi da questo libro

Ci sono molte cose a cui prestare attenzione quando si educano i figli. La rotta è tracciata per tutta la vita. Proprio per questa responsabilità, crescere un figlio non è sempre un compito facile. I genitori sanno che la fase di sfida è faticosa, ma anche importante.

Quando un bambino sta attraversando un periodo di sviluppo, può essere snervante. Ma anche in questo caso, si sa che è importante e che passerà. Ma cosa succede se il bambino è sempre molto sensibile e reagisce alle cose con molte emozioni, forse avendo ancora meno controllo sui propri sentimenti rispetto a un altro bambino? L'ambiente di solito giudica tutto il nostro comportamento, spesso dopo pochi minuti e impressioni. Il bambino è "troppo timido" o "troppo iper", si potrebbe dire a un bambino altamente sensibile. È possibile che fin da piccolo gli sia stato detto che non va bene così com'è, che la sua personalità non va bene. Quindi, come possono sviluppare una personalità con una sana autostima e l'accettazione del proprio io?

Come genitori, potete non solo fare da ponte tra la società e vostro figlio, ma anche dare a vostro figlio una base di fiducia e autostima di base.

Al fine di creare una buona base per suo figlio, questo libro fornisce alcuni suggerimenti e trucchi per le opzioni di supporto e la prevenzione delle crisi. Per rafforzare fondamentalmente la comprensione tra genitori e figlio in entrambe le direzioni, viene presentato il background teorico. Questo le consentirà di comprendere meglio ciò che sta accadendo in suo figlio, ma anche di spiegarlo a suo figlio, in modo che capisca se stesso e lei.

Inoltre, dovrebbe essere presentato anche il potenziale dell'alta sensibilità, perché non c'è nulla di sbagliato nelle emozioni e si può sicuramente trovare il modo di utilizzare questo potenziale.

Cosa significa alta sensibilità?

CRITERI PROFESSIONALI DI ALTA SENSIBILITÀ E RISULTATI DI RICERCA ATTUALI

Le persone con una sensibilità elevata percepiscono più stimoli rispetto alle persone con una sensibilità normale, il che è visibile anche negli esami delle aree cerebrali. Questi stimoli superiori alla media o più intensi possono farle sentire rapidamente sopraffatte. A volte si sentono in balia degli stimoli e impotenti nella situazione. Colpisce il 15-20% della popolazione, quindi è più diffusa di quanto si possa pensare.

Tutti noi assorbiamo gli stimoli e abbiamo anche modi individuali di percepirli. Tuttavia, mentre le persone normali-sensibili a volte non sono impressionate da un certo livello di stimoli, una persona altamente sensibile può aver già raggiunto o addirittura superato il limite della sovrastimolazione. La psicoterapeuta Dr Elaine Aron ha coniato il termine "persona altamente sensibile" (HSP) nel 1996. Ha iniziato a fornire consulenza alle persone altamente sensibili e a condurre ricerche in questo campo in una fase iniziale.

L'alta sensibilità non si manifesta allo stesso modo in tutte le persone colpite. Poiché si tratta solo di una caratteristica della nostra personalità, le persone colpite rimangono individui. Il fatto che siano portatori del tratto non definisce il loro intero carattere e la loro personalità.

Fondamentalmente, le differenze possono essere categorizzate in percepire, sentire e pensare, anche se molte persone sono sensibili in diverse aree.

Le persone sensibili dal punto di vista sensoriale reagiscono in modo particolare ai suoni, agli odori, alla luce o ai colori. Queste persone hanno sensi molto sviluppati. Questo spesso si traduce in talenti nelle aree creative. A causa delle numerose impressioni sensoriali nella vita quotidiana, possono sentirsi sovraccaricate da queste impressioni più rapidamente o essere particolarmente sensibili al rumore, ad esempio.

Le persone emotivamente sensibili, invece, di solito si concentrano soprattutto sulle relazioni interpersonali. Sono particolarmente compassionevoli e disponibili. La loro sfida è anche quella di non sentirsi sopraffatti da ciò che percepiscono a livello emotivo. Le vibrazioni e le percezioni interpersonali sono spesso più estreme e più importanti per loro delle parole pronunciate.

Le persone cognitivamente sensibili hanno la necessità di classificare i fatti in giusti e sbagliati e di pensare in contesti complessi. I loro talenti si trovano spesso in aree scientifiche o tecniche. Potrebbero sorgere dei problemi se il loro pensiero complesso ostacola la comunicazione nella vita quotidiana.

La maggior parte delle persone con un'alta sensibilità tende a vivere una vita un po' ritirata ed è introversa. Tuttavia, questo non significa che non vogliano socializzare con altre persone. Spesso si integrano nelle cerchie di amici come le persone senza alta sensibilità. Allo stesso tempo, ci sono anche persone altamente sensibili che sono più estroverse. Queste persone spesso non si rendono ancora conto di essere altamente sensibili. Per questo motivo, spesso soffrono di richieste eccessive che non riescono a spiegare.

È importante sapere e interiorizzare che l'alta sensibilità non è una malattia o un disturbo. Oggi è considerata una predisposizione, proprio come la corporatura o il colore degli occhi. Le persone altamente sensibili devono solo fare attenzione nella vita di tutti i giorni a non farsi sopraffare, perché questo può accadere loro più rapidamente. Tuttavia, la ricercatrice Dr. Elaine Aron ha scoperto che le persone con un'elevata sensibilità sono più frequentemente affette da un disturbo mentale. Ciò significa che devono essere molto più attenti a se stessi e alle loro emozioni nella vita quotidiana, per prevenire al meglio questo problema.

CARATTERISTICHE SPECIALI PER I BAMBINI

Per i bambini, tutti gli stimoli sono inizialmente nuovi e quindi impegnativi. Tuttavia, un bambino normalmente sensibile impara a gestirli rapidamente. Un bambino altamente sensibile ha bisogno di più tempo per farlo e può sentirsi sopraffatto dagli stimoli più rapidamente. Tuttavia, percepisce anche questi stimoli in modo più differenziato. Pertanto, recepisce un numero maggiore di informazioni, anche se meno importanti. Poiché il bambino assorbe così tanti stimoli, deve effettuare una valutazione molto più faticosa.

Stranamente, l'alta sensibilità è socialmente più accettata negli adulti che nei bambini. Per gli adulti, ad esempio, è considerato coscienzioso e responsabile se si riflette più a lungo sulle risposte. Con i bambini, ad esempio a scuola, questo viene immediatamente visto in modo negativo. Il bambino non ha imparato, è meno intelligente o meno capace, è una conclusione comune. Tuttavia, a causa della loro elevata sensibilità, possono avere bisogno di un po' più di tempo per pensare, perché devono assorbire ed elaborare molti più stimoli rispetto a un bambino normalmente sensibile. Quando gli adulti sono più riservati nel contatto con le persone nuove, vengono visti come riflessivi e ponderati. I bambini, invece, sono considerati troppo timidi o socialmente ansiosi. La società è spietata con i bambini, che vengono giudicati molto duramente. Con gli adulti, riconosciamo l'individualità e la diversità delle persone e chiediamo tolleranza verso le minoranze. Con i bambini, invece, vogliamo inculcare il nostro modo di fare, che ci fa comodo. Poiché i bambini non sono ancora in grado di "controllare" bene le loro emozioni, vengono visti come "estenuanti" o "piagnoni". Con gli adulti, troveremmo tali giudizi offensivi e irrispettosi. Ma non è lo stesso con i nostri figli?

I bambini con un'alta sensibilità che vengono giudicati in un ambiente non sensibile all'alta sensibilità sono spesso visti come troppo timidi. In situazioni di richieste eccessive, tuttavia, sono allo stesso tempo considerati come incontenibili nelle loro emozioni. Tuttavia, questi giudizi non riflettono in realtà la personalità o le caratteristiche dell'alta sensibilità, ma sono solo gli effetti di un modo sbagliato di trattare con loro. Spesso si sentono incompresi o non compresi affatto da chi li circonda. Pertanto, si vedono spesso come guerrieri solitari. I bambini non hanno ancora una vera influenza sulla propria vita, che viene determinata dagli altri. Se un adulto si sente sopraffatto al lavoro o nel tempo libero a causa di troppi stimoli e impressioni, può spiegare queste circostanze e prendersi una pausa lasciando la stanza. Un bambino non può semplicemente uscire dalla classe, perché sarebbe visto come un disubbidiente. Allo stesso modo, i bambini non hanno alcuna influenza sui cambiamenti se noi adulti non glielo permettiamo. Quindi, coinvolga i suoi figli in base alla loro età. Nell'infanzia, è molto più facile per noi influenzare queste caratteristiche importanti. Possiamo porre le basi affinché le emozioni non siano un argomento tabù e i nostri figli imparino ad accettarsi e ad amarsi.

COME POSSO RICONOSCERE CHE MIO FIGLIO È ALTAMENTE SEN-SIBILE?

In generale, ovviamente, bisogna dire che ci sono caratteristiche comuni di alta sensibilità, ma questo non significa che ogni bambino o adulto mostri tutte o le stesse caratteristiche. In definitiva, si tratta sempre di persone indipendenti con una propria personalità. Non devono essere generalizzati e definiti solo in base a questa caratteristica.

L'alta sensibilità può essere particolarmente evidente nelle esperienze sensoriali dei bambini. Possono essere più sensibili al tatto, all'equilibrio, alla vista, all'udito, al gusto e/o all'olfatto. Se nota un numero particolarmente elevato di esempi in suo figlio, questo può indicare un'alta sensibilità.

Esempi di anomalie sensibili:

Senso del tatto: sensibile a determinati materiali, al contatto con gli altri, alle mani e al viso sporchi, alle forti oscillazioni di temperatura.

Equilibrio: sensibile ai movimenti veloci, alle attività senza contatto con il suolo; evitamento della posizione prona da neonato; omissione di gattonare e strisciare; ansia durante il movimento

Senso della vista, senso dell'udito: sensibile ai rumori e ai movimenti già nell'infanzia; sovraccarico quando guarda la televisione; distratto da rumori e colori vivaci; buona percezione di rumori molto silenziosi.

Senso del gusto e dell'olfatto: sensibile agli odori e ai sapori intensi, alla temperatura del cibo, all'anidride carbonica, alla consistenza molliccia; "mangiatore schizzinoso".

Un comportamento vistoso si ha anche se il bambino non ama i cambiamenti ed è sempre interessato agli stessi giocattoli. Questo si riferisce a un livello superiore alla media, cioè non può essere eccitato o distratto da qualcosa di nuovo. Non sono solo le novità a causare spesso ansia. Suo figlio gioca spesso da solo, si sente insicuro in gruppo e reagisce con pianto o aggressività? Anche questi possono essere segnali.

Tuttavia, l'alta sensibilità ha anche molte grandi caratteristiche, come la capacità di riflettere, l'empatia, la coscienziosità e molte altre.

La particolare sensibilità spesso non riguarda solo il mondo emotivo, ma anche il corpo. Può reagire in modo più sensibile al tatto e, secondo le ricerche attuali, ha anche una maggiore probabilità di soffrire di allergie.

Non è necessario rendersi conto subito che una persona è altamente sensibile; ci sono persone colpite il cui mondo emotivo è particolarmente forte all'interno, ma che danno un'impressione molto introversa all'esterno.

Se sospetta che suo figlio sia molto sensibile, oggi esistono diversi test online creati da scienziati. Tuttavia, bisogna sempre prestare attenzione, poiché si tratta ovviamente di un'autodiagnosi. Poiché non si tratta di una malattia o di un disturbo, in genere non è pericoloso effettuare questi test. Tuttavia, i disturbi mentali ecc. a volte presentano sintomi simili e possono passare inosservati. È quindi consigliabile consultare un terapeuta se si sospetta di avere un disturbo. Si deve anche tenere presente che, in linea di principio, non è necessario alcun esame se non c'è un disagio psicologico.

ASPETTI POSITIVI DELL'ALTA SENSIBILITÀ - È UNA QUESTIONE DI PROSPETTIVA?

La consapevolezza scientifica che l'alta sensibilità non è una malattia o un disturbo rende più facile fare luce sugli aspetti positivi. Le caratteristiche dell'alta sensibilità includono un'elevata capacità di empatia, la capacità di riflettere, la coscienziosità e le esigenze poste a se stessi. Se si osservano queste caratteristiche e non se ne parla nel contesto dell'alta sensibilità, non si può pensare che siano tratti negativi. E questo è esattamente ciò di cui stiamo parlando qui.

Una persona altamente sensibile, che sia un bambino o un adulto, spesso possiede queste grandi qualità e molte altre che noi o la nostra società classificheremmo addirittura come positive. Naturalmente, spesso sono più pronunciate nelle persone altamente sensibili e questo a volte le rende opprimenti, soprattutto per chi ne è affetto, ma queste caratteristiche possono anche essere viste come potenziali e positive. Il fatto che qualcosa o qualcuno si discosti dalla 'norma' non significa necessariamente che sia negativo. La vita quotidiana può essere difficile per la persona colpita, ma con la pratica e, soprattutto, con un cambio di prospettiva, questo può essere visto come un'incredibile opportunità. Soprattutto, è importante non avvicinarsi alle persone con l'idea che siano malate. In linea di principio, vogliono essere trattati come tutti gli altri e, soprattutto, non essere guardati con pietà o non presi sul serio.

Poiché le persone con un'elevata sensibilità hanno spesso un'ottima capacità di riflessione, non solo possono valutare bene i loro pensieri e le loro azioni, ma anche influenzarli. Ed è proprio da questo che può emergere una forza particolare. Molte persone passano anni a lavorare sullo sviluppo personale per questo particolare punto di forza, ma trovano ancora difficoltà.

Tuttavia, è importante che con questo potenziale non ci sia una pressione interna per esibirsi. È sempre importante essere bravi come lo sono al momento. La capacità di riflettere consente una valutazione buona e realistica della propria personalità e delle proprie azioni, motivo per cui non bisogna essere eccessivamente autocritici. La fiducia di poter valutare le cose in modo corretto è importante per essere soddisfatti di se stessi a lungo termine e per accettarsi così come si è. E questo significa anche che non tutti i giorni sono come gli altri, e va bene così.

Il confronto con gli altri bambini aumenta la pressione a conformarsi e la sensazione di non essere abbastanza bravi. Pertanto, cerchi di trasmettere a suo figlio la sensazione che va sempre bene essere come sono. Anche se lei lo dà per scontato, spesso passa in secondo piano nella nostra vita frenetica di tutti i giorni. In particolare, i bambini molto sensibili lo percepiscono e ne hanno un bisogno maggiore.

Di cosa ha bisogno mio figlio da me?

AMORE INCONDIZIONATO E CO-MUNICAZIONE COME BASE

Cosa significa amore incondizionato?
L'amore di un genitore non deve essere legato a nessuna condizione, deve essere incondizionato. Nutre il nostro intero percorso di vita. Può determinare le nostre relazioni future, ma può anche creare un ambiente di apprendimento adatto durante l'infanzia e la prima giovinezza.

In definitiva, vogliamo affidarci ai nostri genitori perché siano sempre presenti quando abbiamo bisogno di loro. In pratica, come la nostra base a cui possiamo sempre tornare, in uno spazio privo di valori.

Fondamentalmente, suo figlio ha bisogno innanzitutto di lei come genitore. Con la sua sola presenza, sta già facendo molte cose giuste. Qui è importante la qualità piuttosto che la quantità. Non sia presente solo fisicamente, ma anche mentalmente e, soprattutto, con il cuore. Il suo bambino o la sua bambina percepiranno quando non è così. Partendo dal presupposto che tutti i genitori amano il proprio figlio e vogliono il meglio per lui/lei, l'atteggiamento di base di chi si prende cura del bambino è fondamentale. Lei invia messaggi a suo figlio, che lo voglia o meno, che lo dica o meno. I bambini capiscono molto presto se l'amore e l'accettazione sono legati a condizioni o se li accettiamo incondizionatamente. Frasi come "Se sei bravo..." o "Se sei gentile..." non suggeriscono un amore incondizionato, ma che il bambino deve comportarsi in modo appropriato per ricevere la sua approvazione.

Un bambino altamente sensibile ha spesso la sensazione di essere fuori posto e diverso da tutti gli altri. Come genitori, dovreste cercare di contrastare questa sensazione. Dovrebbe sentire che, qualunque cosa accada o come si senta, i genitori sono sempre presenti e non li giudicheranno. Un bambino molto sensibile, in particolare, percepisce quando lei desidera che sia diverso, anche se non lo dice. Si possono creare le basi per la successiva fiducia durante l'infanzia e la prima infanzia.

A questo punto è importante dire che questo amore e accettazione incondizionati non hanno nulla a che fare con il vizio o la mancanza di coerenza.

Parli con suo figlio e lo ascolti. Attraverso una comunicazione aperta, può imparare molto da suo figlio su ciò di cui ha bisogno. Tuttavia, li tratti come bambini e si aspetti che prendano decisioni che non li sovraccarichino. Sia presente quando hanno bisogno di lei e li prenda sul serio. Se hanno bisogno di lei come genitore in una situazione di crisi, si faccia trovare.

Prenda sul serio le emozioni e cerchi di non rassicurare, ma di confortare. Calmare crea l'impressione che i sentimenti debbano sparire rapidamente e "Non è poi così male..." o "Non devi avere paura...". Consolare, invece, significa semplicemente essere presenti e assorbire le emozioni: "Sono qui, va bene che lei sia triste. Non è sola...".

L'elemento di base dovrebbe essere un rapporto di fiducia tra lei e suo figlio. Questo non è sempre facile e come genitore spesso riceve pochi feedback e riconoscimenti. Un bambino normalmente sensibile può essere rassicurato dai genitori, che gli dicono che sta facendo un buon lavoro e diventa più sicuro di sé. Un bambino altamente sensibile spesso non è così facile da rassicurare e quindi non ha la certezza di fare la cosa giusta. Questa insicurezza di solito contribuisce anche a un rapporto peggiore con suo figlio. Quindi, sia fiducioso in ciò che fa. Ascolti il suo istinto.

Un bambino altamente sensibile avrà inizialmente bisogno di molta attenzione e incoraggiamento. Tuttavia, se convive con la predisposizione di "alta sensibilità" e permette semplicemente che faccia parte della sua vita, non solo lei ma anche suo figlio sarà in grado di riconoscere il potenziale speciale. Riconoscere e accettare le esigenze speciali e investire nel futuro.

Sia sensibile alle esigenze di suo figlio, ma anche alle sue. Il suo bambino beneficerà di molta vicinanza fisica, sicurezza e calma, il che è rassicurante. La vita quotidiana può essere molto faticosa ed estenuante per suo figlio, ma anche per lei. Faccia delle pause per ricaricare le batterie. E se questo significa lasciare che le faccende domestiche vengano svolte durante il sonnellino, allora va bene così. E va bene così. Stabilisca le giuste priorità per lei. Non è un bene né per lei né per suo figlio se è esausta e svuotata.

Si ricordi sempre che lei conosce meglio suo figlio. Ascolti la sua intuizione, il suo istinto. Una guida è sempre e solo un mezzo per darle dei suggerimenti.

Deve fare le cose a modo suo, perché anche suo figlio si accorgerà se lei non è autentica e sarà ancora più stressante per lei. E se sente di aver bisogno di un consiglio esperto, non abbia paura di chiedere supporto.

Come funziona la comprensione della comunicazione?

La comunicazione è spesso la chiave di molte cose. Dobbiamo chiederci come vogliamo parlare e interagire con i nostri figli. Pensi a ciò che i rimproveri e le urla scatenano in lei e a ciò che questo deve scatenare in un bambino piccolo che viene sgridato da chi lo accudisce.

Gli scienziati hanno anche scoperto che sgridare e rimproverare i nostri figli non cambia il loro comportamento, almeno non a lungo termine. In alcuni casi, viene addirittura considerata una forma di violenza psicologica. Vogliamo anche che i nostri figli diventino sicuri di sé e con una personalità forte. Come vorrebbe essere trattato e trattato? Può chiederselo più volte.

Nella comunicazione, il termine "ascolto attivo" viene utilizzato più volte. Ascoltando attivamente, lei segnala anche: "Ti capisco e mi prendo attivamente il tempo per stare con te ora...". Questo funziona anche in una situazione di crisi, ad esempio quando suo figlio piange disperatamente. Cerchi di accettarlo e di sopportarlo per il momento. Questo dimostra che questi sentimenti vanno bene. Questo non significa che deve sedersi davanti a suo figlio e guardarlo piangere. Il punto è che lei per primo permette che accada e non vuole immediatamente calmarlo e trovare una soluzione. Rilegga il capitolo precedente sulla differenza tra calmare e confortare, perché il bambino potrebbe anche non sapere cosa sta succedendo e non sarà in grado di darle una risposta. Rispecchiare ciò che percepisce: "Sembri triste, non è vero?" o "Sei molto arrabbiato in questo momento, non è vero?". Il bambino le farà sapere se ha ragione. Esprima i suoi sospetti, anche se non ne è sicuro. Questo fa capire a suo figlio che è preoccupato. Se è necessaria una soluzione, la si può cercare dopo poco tempo. A volte, però, è anche sufficiente che il bambino si liberi delle sue emozioni e che il caregiver si limiti a coglierle e a comprenderle. Esiste un'incredibile quantità di letteratura specializzata sull'ascolto attivo, facilmente accessibile. Vale la pena di documentarsi ulteriormente. Anche l'uso della comunicazione non violenta può essere utile. Richiede una certa pratica, ma anche solo alcune parti possono essere di supporto. Può trovare maggiori informazioni su internet o presso un centro di consulenza. Può imparare a riconoscere meglio i bisogni e le paure e ad accettarli. Su internet può anche trovare molti esercizi e spiegazioni.

Quindi ora il bambino piange e urla e lei è arrabbiato e stressato perché ha fatto qualcosa di sbagliato. Come reagisce?

Accetti la rabbia e la tristezza e segnali questo: "Noto che lei è arrabbiato o triste in questo momento...". Può ancora confortarli. Ma poi spieghi, sotto forma di messaggio I, che cosa l'ha turbata: "Ero arrabbiata perché avevamo fatto un accordo e lei non l'ha rispettato...". Questo è diverso da "Non hai... di nuovo...".

Tuttavia, questo funziona solo se il bambino è in uno stato di reazione. Se la situazione è già degenerata a tal punto che suo figlio sta cercando di esercitare un potere o qualcosa di simile (picchiare, insultare, ecc.), sono necessari confini chiari. Può seguire una conseguenza, ma questa non deve mai consistere nel ritiro dell'amore o dell'attenzione. Questo contraddice l'amore incondizionato. La conseguenza deve essere scelta con attenzione e non deve correre il rischio di traumatizzare un bambino altamente sensibile. Nel suo libro "Il bambino altamente sensibile", la dottoressa Elaine Aron spiega che i bambini altamente sensibili in particolare rispondono meglio al linguaggio positivo che alle punizioni o alle minacce. Fa l'esempio di "Se non vai subito a letto, non ci sarà più la favola della buonanotte!", da riformulare come segue: "Se vieni adesso, avremo ancora tempo per una storia!". Se lo applica a più di una situazione, può creare una vita familiare più armoniosa, senza minacce e con poche punizioni. Anche in questo caso, può vedere che la giusta comunicazione può essere la chiave.

Cerchi di spiegare a suo figlio cosa sta succedendo dentro di lui e perché potrebbe trovare più difficile socializzare con gli altri bambini. I bambini percepiscono di essere diversi e non riescono a capire perché gli altri bambini trovano così facile affrontare le loro sfide. Nella prima infanzia, lei può fare da ponte tra suo figlio e gli altri bambini. Stabilisca una connessione per ridurre questa enorme soglia di inibizione, perché questa interazione con i coetanei è enormemente importante e preziosa. L'integrazione in un gruppo di coetanei crea accettazione e senso di appartenenza.

All'asilo o a scuola, la cosa più importante è probabilmente fare le prime esperienze senza i genitori. Anche se per i genitori è particolarmente difficile lasciarsi andare, è fondamentale permettere ai bambini di fare esperienze da soli e di sviluppare un'ampia gamma di competenze. Quando si tratta di situazioni nuove e sconosciute, prepari bene suo figlio. Spieghi ciò che sa su di loro o faccia delle ricerche insieme. Esaminare scenari semplici di ciò che potrebbe accadere (non scenari negativi!). Magari può dare un'occhiata alla nuova scuola dall'esterno durante una passeggiata e valutare se un amico dell'asilo verrà in classe con lei. Essere presenti, cogliere le emozioni e discuterne. Allo stesso tempo, potete pensare insieme a quali nuove situazioni suo figlio ha già imparato a gestire. Se si presenta una nuova situazione, è bene che tutti gli altri rituali e strutture rimangano invariati e che solo questa situazione cambi, per evitare una possibile situazione di sopraffazione.

In generale, è opportuno incoraggiare suo figlio a pensare liberamente e in modo creativo. Lasci che suo figlio suggerisca ciò che vorrebbe fare. In questo modo potrete esercitarvi insieme su come rendere le nuove situazioni meno spaventose. La cosa migliore è che le idee vengano da suo figlio e che lei lo sostenga nella realizzazione e nel processo. Questo avverrà gradualmente, ma il viaggio è la ricompensa. Rimanga sempre in contatto.

TUTTO STA NEL MIX - PERCHÉ UNA STRUTTURA GIORNALIERA STABILE È IMPORTANTE, MA NON SEMPRE GIUSTA

Spesso c'è una linea sottile tra regole, una struttura giornaliera fissa e l'autodeterminazione del bambino. Ci sono molti vantaggi per entrambe le parti. Ecco perché, a prima vista, sembrano escludersi a vicenda. Ma è possibile combinarli o semplicemente trovare un buon mix.

Le strutture sono importanti per tutti i bambini. Regole fisse e una struttura quotidiana offrono al bambino un accogliente senso di sicurezza. Sa esattamente cosa succederà e non ha bisogno di temere l'ignoto. Offre loro lo spazio per sperimentare e trovare se stessi. Questa sicurezza è ancora più importante per i bambini molto sensibili. Molte cose nella vita quotidiana portano a richieste eccessive e a una sovrastimolazione, devono adattarsi costantemente alle novità e percepiscono sempre molti più stimoli rispetto a un bambino normalmente sensibile.

Una routine giornaliera regolare, che di solito esiste comunque a causa del lavoro, dell'asilo nido, eccetera, è metà della battaglia. I rituali regolari e le regole stabilite di comune accordo possono essere una piacevole aggiunta. Assegni a suo figlio i propri compiti, adatti alla sua età, senza sovraccaricarlo. Questo aumenterà enormemente la sua fiducia in se stesso. Può fare in modo che sia il suo lavoro e dargli delle responsabilità.

Nonostante la routine quotidiana regolata e le regole, è importante creare uno spazio sufficiente per l'individualità e il ritiro di tutti.

Probabilmente è meglio redigere insieme un programma giornaliero, in cui ognuno possa esprimere le proprie esigenze e i propri desideri. Insieme, come famiglia, possiamo poi decidere quali desideri possono essere incorporati e come organizzare la routine quotidiana. In questo modo, tutti hanno la sensazione di poter avere voce in capitolo e sperimentano un certo grado di autoefficacia. Si rendono conto di essere ascoltati quando esprimono i loro desideri e che anche questi sono importanti. Esprimendo le loro esigenze, possono influenzare la loro situazione.

Non tutto deve essere pianificato in anticipo, soprattutto nel fine settimana. Soprattutto in questo caso, deve esserci tempo sufficiente per il riposo della famiglia e per ogni singolo membro della famiglia. Se sono previste cose speciali, come viaggi, incontri con altre famiglie, eccetera, cerchi di garantire gli stessi orari per i pasti e il riposo. Questi giorni possono anche essere pianificati insieme. Discutere delle possibili sfide può anche aiutare a prepararsi. Tuttavia, deve assicurarsi di non presentare scenari orribili, ma di affrontare le emozioni che potrebbero essere imminenti e valutare come affrontarle.

Se nella vita di tutti i giorni nota che ha programmato un elemento di troppo e suo figlio è sopraffatto, valuti se la situazione le consente di sostituire l'elemento con un rilassamento. Questo può avvenire anche in un giorno normale e in una voce regolare del tutto normale del suo programma. Tuttavia, ogni giorno è diverso e non tutti ci sentiamo sempre allo stesso modo. Cerchi di agire in base alla situazione, se possibile.

PREVENIRE LA SOVRASTIMOLAZI-ONE E CREARE SPAZI PER IL RE-LAX.

Le persone con un'alta sensibilità vivono le loro emozioni, l'intera vita emotiva, in modo particolarmente forte. Questo può essere molto stressante. Le emozioni ci accompagnano nella vita di tutti i giorni. Ogni azione è legata a un'emozione o ne scatena una. Un giorno questo può essere sopportabile e un altro può essere motivo di sovrastimolazione, una richiesta eccessiva.

I bambini, in particolare, imparano qualcosa di nuovo ogni giorno. Già questo può essere estenuante. Se a questo si aggiungono molti stimoli con emozioni estreme, si può arrivare ancora più rapidamente a richieste eccessive. Tutti noi, a volte, ci sentiamo sopraffatti o sopraffatti dalle nostre emozioni. Tuttavia, le persone altamente sensibili sperimentano questo stato molto prima. Occorre quindi pianificare dei momenti nella routine quotidiana che possano essere utilizzati per rilassarsi e riposare.

Poiché non possiamo sempre influenzare le situazioni di sovrastimolazione, è importante gestire la tensione emotiva nei momenti di calma e sviluppare insieme delle strategie. Strategie che servono a rilassarsi per evitare tale sovrastimolazione. Devono essere provate e praticate; è molto probabile che non funzionino al primo colpo.

Lavorate insieme su queste strategie in modo giocoso. Per i bambini più piccoli, ad esempio, si può costruire una piccola grotta in cui il bambino possa ritirarsi da solo. Anche i viaggi immaginari possono contribuire al rilassamento.

Ma come faccio a riconoscere la sovreccitazione? Il confine è solitamente fluido e non sempre chiaramente riconoscibile, e può essere diverso ogni giorno. Suo figlio non le risponde più, evita il suo sguardo? Ha la sensazione che le reazioni non siano adatte alla situazione, come urla, pianti, morsi, eccetera? Altri segnali possono essere di natura fisica, ad esempio tremori in tutto il corpo, sudorazione o vertigini. Suo figlio potrebbe sperimentare una marea di pensieri ed emozioni estreme. In questo caso, cerchi di portare suo figlio fuori dalla situazione e di rassicurarlo tenendolo vicino al suo corpo, se lo permette. Mostri loro che lei è presente e che non devono affrontare questa situazione da soli. Parli lentamente e con un tono calmante. Si accorga se suo figlio la sta ascoltando in questo momento, altrimenti lo trattenga. Anche le stanze con luci soffuse o la natura hanno un effetto calmante. I bambini devono innanzitutto imparare a gestire le emozioni, e ancor più i sentimenti così estremi. Il bambino si sente impotente e in balia dei suoi sentimenti. Dia sempre loro la sensazione di capirli. Questo trasmette apprezzamento.

Se si sente spesso impotente in queste situazioni, questo è un segno che dovrebbe cercare supporto. Non deve agitarsi, può semplificarsi la vita. E il bambino si rende conto quando i genitori sono sopraffatti.

Per prevenire questa sovreccitazione, presti attenzione ai segnali di allarme della sovreccitazione. Lei conosce suo figlio e si trova nella posizione migliore per riconoscere i cambiamenti.

Inoltre, deve porre l'accento sulla consapevolezza e sulla qualità della sua alimentazione. Il livello di zucchero nel sangue deve rimanere costante, il che è possibile soprattutto con una dieta sana e genuina. Eviti molti dolci, soprattutto la sera. Affinché suo figlio possa concentrarsi bene, dovrebbe fare colazione e rispettare orari regolari per i pasti. La fame estrema può anche portare a mangiare troppo.

Quando pianificate insieme la routine quotidiana, si assicuri che suo figlio dorma in una stanza priva di media, preferibilmente oscurata. In generale, il consumo di media dovrebbe essere ridotto il più possibile durante la giornata. Televisori, computer, radio e, soprattutto, telefoni cellulari sono particolarmente stimolanti.

Può anche essere d'aiuto se progetta il suo ambiente di vita in modo che sia relativamente povero di stimoli, ad esempio utilizzando poche decorazioni e i colori della terra.

Lavorare regolarmente per permettere alle emozioni e ai pensieri di sorgere e affrontarli, in modo che non diventino un argomento tabù. Non devono essere il fulcro della giornata, ma devono essere riconosciute. Faccia capire a suo figlio che va bene provare ciò che prova e parli dei suoi sentimenti. Si offra sempre di parlarne, ma non faccia pressione su di loro.

Potrebbe essere necessario un supporto professionale per parlare delle emozioni e delle strategie. In questo modo è anche possibile gestire meglio queste forti emozioni a lungo termine.

Gli scienziati americani hanno scoperto che i bambini altamente sensibili sono più resistenti e meno inclini a richieste eccessive se hanno trascorso del tempo con un caregiver attento in anticipo, il che è dovuto al rilascio degli ormoni dello stress. Il messaggero chimico cortisolo fa sì che lei come genitore, ad esempio, possa resistere a suo figlio anche durante fasi molto stressanti. Soprattutto se si pensa alle molte notti insonni, a volte ci si chiede a posteriori come sia riuscito a farlo. Tuttavia, un aumento della concentrazione di cortisolo per un periodo di tempo prolungato non è salutare. Bisogna riconoscere la privazione del sonno a lungo termine o una prospettiva che non si concentra più sulle nostre esigenze di genitori, ma solo su quelle dei figli. Anche le persone altamente sensibili raggiungono questo stato con un aumento dei valori molto più rapidamente. Il modo migliore per abbassare il valore è il sonno profondo, il bagno nella foresta, il riposo, le coccole o le attività creative.

PERCHÉ CHIEDERE SOSTEGNO NON È AFFATTO UN SEGNO DI DEBOLEZZA

Crescere un bambino altamente sensibile è una sfida incredibile. Si sente come se non potesse farcela da sola? Non è necessario. Si renda conto che sta facendo un ottimo lavoro ogni giorno! Non se ne vergogni e non senta di fallire se chiede supporto. Tutti noi raggiungiamo i nostri limiti di tanto in tanto, indipendentemente dal contesto. È normale non riuscire a fare tutto.

E in molti settori è anche normale e facile chiedere aiuto. Dopotutto, se è bloccata in un compito manuale, può chiamare un professionista senza sentirsi in difetto. E anche se è bravissima a fare il genitore, non c'è nulla di male a chiedere un supporto o un consiglio a un esperto, perché l'esempio dell'artigianato ha un vantaggio: non comporta situazioni emotivamente cariche, in cui devo sempre dare un po' di me stessa per ottenere qualcosa. Veda suo figlio come un "compito speciale" e non come una punizione se sembra un po' più difficile. Dopotutto, il sostegno serve proprio a questo. Se molti genitori non ne avessero bisogno, non ci sarebbero servizi di consulenza, ecc.

Per alcune situazioni, è sufficiente ricevere un'ispirazione da un consulente o un po' di coraggio da una persona fidata. A volte, però, questo non è sufficiente e allora sia onesto con se stesso e con suo figlio.

A volte basta una terza parte non coinvolta, che non abbia pregiudizi emotivi, per fornire un piccolo aiuto. Spesso non ha nulla a che fare con lei o con la sua esperienza.

Inizi a cercare supporto a una soglia bassa. Pensi a chi può fidarsi di aiutarla. Anche i forum online e la letteratura specializzata possono aiutarla a fare il primo passo e ad abbassare le sue inibizioni. Nei forum online, deve ovviamente fare attenzione alle conoscenze che non sono scientificamente valide, ma può creare una forma di solidarietà e la sensazione di essere soli in questa situazione diventa più debole. Spesso la massa di compiti e responsabilità è anche il motivo principale della sopraffazione. Non sa più dove si trova la sua testa e non riesce più a pensare con chiarezza. Costruisca quindi una rete privata che possa sostenerla. Potrebbe trattarsi di nonni, amici o babysitter. Chiedere sostegno e aiuto non significa sempre che non sa cosa fare o che ha bisogno di consigli. A volte è semplicemente troppo e abbiamo bisogno di una pausa.

Tuttavia, il supporto privato a bassa soglia spesso non è sufficiente.

In molte località, esistono centri di consulenza non vincolanti che conoscono l'argomento. Anche i servizi tradizionali di consulenza genitoriale ed educativa sono spesso un buon punto di partenza. Per un sostegno a lungo termine, soprattutto per quanto riguarda lo stress psicologico, sarebbe utile una consulenza terapeutica. La consulenza può essere rivolta a suo figlio, ma anche a lei. I bambini si accorgono quando i genitori sono sopraffatti o non riescono più a calmarsi a causa dello stress. È quindi opportuno occuparsi di ripristinare questa calma e questo rilassamento. Altrimenti diventa un circolo vizioso. Il bambino piange e a un certo punto lei si stressa e non sa cosa fare. Lei trasmette lo stress e l'ansia a suo figlio, che si sente solo e forse anche in colpa perché lei è stressato a causa sua. Ciò significa che il bambino non diventa più calmo. In questi casi, sarebbe sicuramente consigliabile coinvolgere una terza persona non coinvolta. I terapisti occupazionali possono darle suggerimenti o aiutarla con attività o opzioni di supporto.

La consulenza può anche fornirle un supporto, mostrandole le opzioni di sostegno all'asilo o alla scuola. Suggerimenti che potrà poi applicare anche al centro di assistenza all'infanzia. Per quanto riguarda la scuola, ad esempio, c'è anche la possibilità di imparare al proprio ritmo in una scuola Montessori o Waldorf. Si informi per tempo sulle opzioni, anche per quanto riguarda la scelta della scuola. Con un po' di fortuna, è possibile che nell'asilo ci siano genitori che hanno già figli in età scolare e che quindi hanno un bagaglio di esperienza. Può informarsi anche su forum e siti internet.

Quando sceglie una scuola secondaria, è adatta una scuola con una specializzazione che corrisponde agli interessi di suo figlio. Ciò non significa che debba ricevere molto sostegno in questo ambito, ma è probabile che nella classe ci siano bambini con interessi simili. Soprattutto, questo favorisce l'interazione sociale e la coesione della classe. È importante che si crei un ambiente di apprendimento positivo e che suo figlio si senta a suo agio.

È facile trovare grandi progetti e iniziative. Oggi esistono programmi che si concentrano sull'individualità dei bambini. Ad esempio, è molto diffuso il progetto "Schule im Aufbruch", che mira a sviluppare il potenziale dei bambini e a incoraggiare il loro entusiasmo innato.

Oggi ci sono molte scuole che lavorano secondo la pedagogia Montessori e sono anche molto diffuse. L'obiettivo principale è che i bambini imparino al loro ritmo e secondo i loro interessi. Soprattutto, promuovono la motivazione intrinseca dei bambini e mirano ad evitare punizioni e ricompense. Il motto è la nota frase "Aiutami a fare da solo".

Coinvolga suo figlio nella decisione, ma non gli dia la sensazione di dover prendere la decisione e di doversene assumere la responsabilità da solo.

OPZIONI DI ASSISTENZA PRO-FESSIONALE

Se il sostegno privato non è più sufficiente o se lei o suo figlio avete bisogno di nuova ispirazione, non abbia paura di cercare un supporto professionale.

Gli esperti raccomandano soprattutto metodi che pongono l'accento sul corpo e che permettono di sentire il proprio corpo. Potrebbe trattarsi di terapia occupazionale o psicoterapia basata sul corpo, ma anche lo yoga o lo shiatsu possono essere utili in questo caso. Le terapie che non si riducono al linguaggio e non mettono a dura prova la nostra mente possono avere un effetto particolarmente alleviante. Le persone colpite che hanno provato lo Shiatsu o terapie simili lo descrivono come una vacanza dai propri pensieri ed emozioni, perché possono lasciarli andare per un breve momento.

Allo stesso tempo, questi metodi trasmettono un modo di essere più attenti a se stessi e al proprio corpo e sviluppano un tipo speciale di accettazione di sé che può essere percepito come un sollievo. Poiché lo stato di rilassamento è spesso difficile da raggiungere per le persone altamente sensibili, queste esperienze sono molto preziose. Nonostante la loro spiccata sensibilità, le persone colpite spesso non sono così indulgenti e attente a se stesse come agli altri.

L'aspetto sorprendente è che non è necessario che il consulente o il terapeuta conosca la biografia o le tecniche di conversazione del cliente e la persona interessata si sente comunque compresa. Descrivono una sensazione di "arrivo". Le persone altamente sensibili spesso non si sentono comprese dagli altri. Anche se cercano di visualizzare la loro percezione in dettaglio, una persona normalmente sensibile difficilmente riesce a comprenderla. Ecco perché molti tentativi di terapia vengono annullati dopo un po'. La sensazione di essere "sbagliati" o almeno "diversi" dagli altri, e quindi la mancanza di auto-accettazione, è spesso uno dei motivi principali per tentare la terapia. Nell'odierna meritocrazia, spesso non c'è tempo per riconoscere consapevolmente le emozioni e prendersi il tempo per una pausa mentale. Le persone colpite lo sentono molto presto. Il difficile percorso verso l'accettazione di sé può essere accompagnato da uno psicoterapeuta, se necessario. Un terapeuta può anche aiutarli a riconoscere la loro elevata sensibilità come una risorsa. La loro buona capacità di riflettere sostiene sempre il lavoro su se stessi.

Cosa c'è di sbagliato in me - spiegazioni orientate ai bambini per l'alta sensibilità

CREARE COMPRENSIONE E ACCETTAZIONE PER SE STESSI

Per aiutare suo figlio a capire se stesso e a comunicare meglio, è importante spiegargli cosa significa alta sensibilità. In questo capitolo, troverà dei suggerimenti su come affrontare l'argomento con suo figlio. Si concentri su una visione positiva ma realistica.

"Lei percepisce più impressioni rispetto agli altri bambini. Possono essere sensazioni, stati d'animo, suoni o anche il tatto, per esempio. Il suo superpotere è che percepisce molte cose in modo molto più intenso rispetto agli altri bambini e adulti. Tuttavia, se ci sono molte cose in una volta sola, potrebbe essere di cattivo umore e volersi ritirare. All'asilo e a scuola è difficile se è sempre irrequieto, perché sente più rumori degli altri bambini. Anche i rumori più tranquilli a volte possono distrarla. A scuola, può essere utile andare in bagno per una breve pausa o, se concordato con l'insegnante, colorare un po' a parte.

Se succede molto in un giorno, la sera sarà molto esausta. Può quindi provare a capire cosa la aiuta. A volte può essere la lettura di un libro o una passeggiata all'aria aperta. È diverso per ognuno e può scoprirlo da solo. Potrebbe anche aver bisogno di riposare il giorno successivo. Avere dei superpoteri non è sempre facile e a volte può essere estenuante. Può sempre parlarne con i suoi genitori o con una persona fidata e spiegare come si sente. A volte non vuole parlare affatto, vuole solo essere abbracciato e coccolato. Anche questo va bene.

Se sente che sta diventando irrequieto dentro di sé, è benvenuto a ritirarsi. Possiamo costruire insieme un piccolo rifugio solo per lei. Potrà accoccolarsi lì e ricaricare le batterie. I suoi sentimenti a volte possono essere molto forti. Può provare sentimenti piacevoli, ma anche sentimenti che non la fanno sentire bene. Tuttavia, tutti i sentimenti sono importanti ed è giusto che siano presenti in questo momento. Perché non prova se la musica o la pittura possono aiutarla a capire un po' meglio i suoi sentimenti e a farli uscire? Possiamo farlo insieme, ma può anche provarlo da solo.

Non tutti conoscono o capiscono i suoi superpoteri. Se le piace e ha la forza per farlo, può spiegarlo loro. Ma ci saranno anche persone che semplicemente non vogliono capire. Va bene se questo la ferisce e la turba, lo farebbe anche a me. Lei sente davvero come si sentono gli altri e vuole aiutarli quando si sentono male. Ma si ricordi che non tutti hanno questo superpotere e che a volte non provano quello che prova lei.

Si sente diverso? Diverso non è sempre negativo! Ci sono molti bambini e adulti che sono come lei. Inoltre, lei è un bambino normale e ha un talento speciale di cui gli altri possono essere gelosi. Sei fantastico così come sei e non ti vorrei in nessun altro modo!".

Ci sono ottimi video su Internet, se ha bisogno di ulteriore supporto nella spiegazione. Può anche essere utile guardare insieme i libri per bambini che parlano di alta sensibilità.

Il messaggio principale dovrebbe essere che il bambino sta bene così com'è e che prova amore e accettazione incondizionati. Questo non solo getta le basi per il vostro rapporto, ma anche per il rapporto del bambino con se stesso.

INTERAZIONE CON ALTRI BAMBINI

Soprattutto nell'infanzia, i bambini cercano di confrontarsi e di imparare per imitazione. Possono rendersi conto che gli altri bambini non piangono tanto o che le cose nuove sono più facili per loro.

I bambini altamente sensibili hanno spesso la sensazione di non essere a posto e di vergognarsi perché sono diversi. A volte tutto il trambusto nel parco giochi o nel gruppo è troppo per loro e si ritirano. A volte diventano solitari, anche se la socializzazione all'interno di un gruppo con i coetanei è estremamente importante nell'infanzia e nell'adolescenza. Quindi, se possibile, cerchi di fare da ponte tra suo figlio e gli altri bambini o i loro genitori per stabilire un contatto. Ad esempio, suggerisca di giocare insieme per conoscersi in un ambiente più tranquillo.

Suo figlio non ha bisogno di essere incoraggiato solo da lei come genitore, ma anche dai suoi coetanei. Ripensi alla sua adolescenza. Voleva passare molto tempo con i suoi genitori e condivideva con loro i suoi tipici "problemi adolescenziali"? Tutti vogliono un migliore amico, un alleato nel grande mondo che a volte può fare paura.

Quindi, se si sono creati degli amici, rafforzare il contatto senza essere sempre presenti quando il bambino diventa più grande. Questo rafforza il suo senso di autonomia, l'autoefficacia e, soprattutto, le sue abilità sociali. Affidando a suo figlio queste piccole cose da solo, può anche rafforzare la sua capacità di affrontare nuove situazioni. Quindi proponga anche nuove attività e possibili hobby. I giochi di ruolo sono particolarmente adatti ai bambini piccoli, per aiutarli a immaginarsi in un mondo sicuro che hanno creato. In questo mondo, possono provare nuove situazioni in un ambiente sicuro. Questo può anche rendere più facile la socializzazione con altri bambini.

Poiché queste situazioni sono nuove anche per suo figlio e probabilmente lo faranno sentire insicuro, cerchi di prepararlo bene ancora una volta e di esaminare i possibili scenari o anche di provarli in un gioco di ruolo.

Il dottor Ted Zeff, autore americano, ha scoperto che può essere molto utile che un bambino altamente sensibile partecipi a uno sport di squadra. Una squadra sportiva spesso crea un forte legame e le persone si impegnano reciprocamente. Quindi, se suo figlio desidera provare diversi sport, lo sostenga. La regolazione fisica della tensione e la sensazione di solidarietà all'interno della squadra possono essere dei veri e propri "cambi di gioco".

Per l'interazione con altri bambini, può anche essere utile preparare insieme dei libri per bambini.

10 passi per un'interazione più consapevole con me stesso e con il mio bambino altamente sensibile

1. Amore incondizionato e accettazione

Considerare l'amore incondizionato e l'accettazione come la base del buon rapporto con suo figlio e all'interno della sua famiglia. Dovrebbe aiutarla a costruire la fiducia e a rafforzare l'autostima di suo figlio. Segnala "Sono degno di essere amato incondizionatamente". Il suo atteggiamento di base dovrebbe essere che suo figlio non deve fare o ottenere nulla perché lei lo ami e lo accetti sinceramente. Non deve guadagnarsi l'amore! Dovrebbe essere la base fondamentale di un rapporto di fiducia.

Pensi a come è stato trattato da bambino o a come avrebbe voluto essere trattato. Cosa farebbe in modo diverso o uguale? Aveva la sensazione di dover ottenere buoni risultati a scuola e nell'istruzione per ricevere attenzioni e apprezzamenti positivi? O forse non era nemmeno importante il tipo di attenzione che avrebbe ricevuto? Si ricordi che un bambino sa esattamente come ottenere attenzione. Magari non lo fa consapevolmente, ma il suo subconscio lo richiede. Tuttavia, questo avviene spesso attraverso l'attenzione negativa, perché se mi comporto nel modo giusto, la mamma reagirà in ogni caso, anche se si tratta di un rimprovero. Allora ha occhi solo per me.

Quindi, cerchi di prevenire questo problema e si avvicini a suo figlio con amore incondizionato e gli dia attenzione in modo che non debba lottare per averla.

Con questa accettazione incondizionata, dimostra a suo figlio che ha un'alta autostima e che sta imparando a prendersi cura di sé e a trattarsi bene.

2. Comunicazione apprezzativa

Con una comunicazione apprezzabile e benevola, possiamo costruire un amore e un'accettazione incondizionati. Offra a suo figlio uno spazio regolare per comunicare con lei. Tuttavia, questa deve essere un'offerta che avviene senza pressione, altrimenti probabilmente non verrà utilizzata. Con una relazione di fiducia, tuttavia, può creare una base per far sì che suo figlio accetti questa offerta e la apprezzi.

Il modo migliore per segnalare che sta ascoltando suo figlio è integrare l'ascolto attivo. Con un po' di pratica, viene naturale, anche nella vita quotidiana. Dà sempre all'altra persona la sensazione che siamo realmente interessati e non chiediamo come sta andando per educazione. I bambini altamente sensibili lo percepiscono ancora più rapidamente. Nella vita di tutti i giorni, tra tutti i nostri 'impegni', a volte non abbiamo il tempo o i nervi per una discussione dettagliata. E anche se ci prendiamo il tempo necessario e siamo veramente interessati, a volte non lo percepiamo in questa forma. Provi l'ascolto attivo e veda cosa può fare lei personalmente.

Utilizzi i messaggi "io" invece dei messaggi "tu" e, soprattutto, invece di rimproverare. Spieghi a suo figlio come si sente e cosa succede dentro di lei. I sentimenti non sono un argomento tabù, fanno parte della nostra vita quotidiana. In particolare, con i bambini altamente sensibili, è importante mostrare che tutti provano questi sentimenti e che li sperimentano in modo più estremo o in altre situazioni. Ma non c'è nulla di sbagliato nei sentimenti!

3. Psicoeducazione per genitori e bambino

Per imparare a gestire meglio le proprie emozioni, ma anche quelle degli altri, è importante sapere cosa succede nel corpo. Vale la pena di osservare più da vicino e cercare di capire perché qualcosa accade e come. In questo libro può già trovare una spiegazione adatta ai bambini. Tuttavia, può provare a trovare una spiegazione personale con parole sue. Forse anche un bambino più grande può spiegare cosa è difficile per lui o perché a volte è stressante. Dopo una situazione di crisi, potete anche riflettere insieme e parlare di nuovo delle emozioni coinvolte. È importante che i sentimenti non siano visti come un argomento tabù, ma che se ne parli apertamente. Perché, indipendentemente dal fatto che li affrontiamo o meno, sono presenti.

Per noi genitori, la conoscenza dell'alta sensibilità offre l'opportunità di comprendere meglio i nostri figli. Può aiutare a ridurre la disperazione che proviamo perché ci sentiamo impotenti e inermi, perché possiamo accettarlo meglio. Impariamo anche molto sulle nostre emozioni e su come gestirle.

I bambini possono anche capirsi meglio e imparare ad accettarsi. Se capiscono che non possono fare a meno delle loro peculiarità, questo può prevenire i sensi di colpa. Quando interagiscono con altri bambini, possono anche essere in grado di spiegare perché a volte reagiscono in modo diverso. Quindi, si senta libero di coinvolgere i bambini dell'asilo o della scuola, se suo figlio è d'accordo. Tuttavia, si assicuri di non mettere involontariamente in imbarazzo suo figlio.

4. Rafforzare l'autostima promuovendo le competenze e l'indipendenza

Poiché i bambini altamente sensibili hanno spesso una bassa autostima, dovrebbe cercare di rafforzarla il più presto possibile nella vita quotidiana. Questo non significa che devono essere lodati eccessivamente per ogni cosa, ma che lei deve avere fiducia in loro e nella loro capacità di fare le cose in modo indipendente.

Assegni a suo figlio compiti adeguati all'età, di cui è l'unico responsabile (ad esempio, apparecchiare la tavola, dare da mangiare all'animale domestico, ecc.) Investire il tempo all'inizio può essere una situazione vantaggiosa per entrambe le parti. Libera un po' di tempo in più per lei e, soprattutto, un compito in meno da svolgere e suo figlio impara ad assumersi la responsabilità ed è orgoglioso del proprio compito.

Sviluppando i propri interessi, non solo promuove le capacità di suo figlio, ma anche la sua autostima. Incoraggi suo figlio a sperimentare e a perseguire un hobby. Suo figlio dovrebbe essere in grado di sfogarsi, sia fisicamente che mentalmente o in modo creativo. Le attività che permettono a suo figlio di staccare la spina e rilassarsi sono individuali. Cerchi di non fare paragoni o esercitare pressioni.

5. Angolo dei superpoteri

I nostri figli imparano solo da noi, imparano per imitazione. Per i bambini, la realtà e la verità è ciò che i genitori dicono loro. Ecco perché la prospettiva dell'alta sensibilità è così importante. Lei può avere un'incredibile influenza sul modo in cui vede il mondo e, soprattutto, sul modo in cui vede le caratteristiche di suo figlio.

Su Internet si trovano anche ottimi libri o video sull'alta sensibilità, che la presentano in un modo a-datto ai bambini. Una prospettiva in particolare mi è rimasta impressa: Trattarli come superpoteri dimostra che si tratta di grandi caratteristiche. Ma anche un eroe con superpoteri ha bisogno di tempi morti e di spazi per riprendere fiato. Perciò, modellate la visione del mondo dei vostri figli, ma soprattutto la loro visione della loro alta sensibilità. Questo può essere fatto anche attraverso giochi di ruolo, che i bambini possono fare anche all'asilo. I bambini possono elaborare meglio ciò che sentono e assorbono nel loro mondo.

A proposito di superpoteri: il suo superpotere è crescere suo figlio! Non è sempre facile e tutti raggiun-giamo i nostri limiti. Ma facciamo del nostro meglio ogni giorno e i nostri figli lo sentono. E quando guar-diamo i nostri figli, vediamo il motivo per cui vale la pena lottare ogni giorno. Dopotutto, vogliamo che i nostri figli diventino adulti forti che conoscono il loro superpotere e la loro autostima.

6. Garantire la sicurezza attraverso la struttura e la coerenza

Creare sicurezza attraverso una struttura quotidiana regolare. Creare un programma giornaliero insieme in modo divertente. Ci sono ottimi modi per creare un piano o acquistare un modello online. Il bambino può creare i propri appuntamenti per la giornata o disegnarli e incollarli sulla panoramica. Appenda il piano in un luogo centrale dove possa essere visualizzato.

Questo permette anche al bambino di guardare il piano in modo indipendente e di riconoscere ciò che viene dopo grazie alla rappresentazione pittorica. Attraverso rituali condivisi (ad esempio, leggere un libro insieme prima di andare a letto), si crea un legame all'interno della famiglia e un ambiente stabile e sicuro per il bambino. Anche l'organizzazione del programma giornaliero potrebbe diventare un rituale regolare. Ad esempio, tutti potrebbero parlare della loro giornata a cena e poi si potrebbe discutere e pianificare il giorno successivo. Anche in questo caso, riconosca i limiti di suo figlio, in modo che non diventi eccessivo.

Si ricordi che la coerenza rende la vita quotidiana più facile a lungo termine e che una linea chiara nella genitorialità dà anche stabilità al bambino. Anche se a volte è difficile e non facile, la coerenza paga. Tuttavia, lei conosce meglio suo figlio e saprà riconoscere quando è opportuno fare un'eccezione. Quando ripensiamo alla nostra infanzia, spesso ricordiamo le meravigliose eccezioni che di solito erano così speciali solo perché erano eccezioni.

7. Più mindfulness nella vita quotidiana e regolari

time-out

L'alta sensibilità può essere stressante per tutti, e questo vale per tutta la famiglia. Si prenda del tempo per ricaricare le batterie. Questo vale per suo figlio e anche per voi genitori. Pianifichi queste pause nella sua agenda e nel suo programma giornaliero o settimanale.

Lei ha bisogno di relax tanto quanto il suo bambino. Hanno bisogno di avere sempre la mente lucida e questo non è possibile quando si è costantemente sotto stress. Quindi, quando suo figlio dorme, si prenda un po' di tempo libero. Se utilizza questo tempo per le faccende domestiche, sarà ancora sotto pressione e suo figlio si sveglierà e lei non sarà in grado di ricaricare le batterie.

Provi le cose che possono rilassarla anche con poco preavviso. Se ha solo mezz'ora a disposizione, alcune cose potrebbero non essere utili o causare ancora più stress. Ma forse potrebbe fare una breve meditazione con affermazioni positive. Cerchi dei metodi che possa facilmente implementare nella sua vita quotidiana e inizi lentamente. Non si metta sotto pressione anche in questo caso, ma sia grato per il tempo che si è preso oggi. Va sempre bene fare quello che sta facendo oggi. Vuole farlo per fare qualcosa di buono per se stesso e non per creare ulteriore stress.

Magari provi la meditazione, un rituale mattutino o delle affermazioni positive per iniziare la giornata in modo più consapevole e senza stress. Soprattutto se non è soddisfatto di sé e dubita di fare un buon lavoro, può essere utile iniziare la giornata con affermazioni positive o meditazioni guidate. Alcune persone trovano lo yoga particolarmente utile al mattino per ottenere il giusto slancio per la giornata, oppure alla sera per rilassarsi e staccare la spina. Un semplice rituale mattutino può essere bere il primo caffè da solo e poi svegliare suo figlio. Provi nuove cose e dia loro una possibilità.

8. Prendere fiato nelle situazioni di crisi

Non è sempre necessario reagire in modo corretto, né è possibile farlo. In una situazione di crisi, la nostra reazione è di solito fortemente influenzata dalle nostre emozioni. Una volta superata la situazione, a volte ci pentiamo di non averci pensato prima. Spesso il primo impulso della nostra rabbia è quello di alzare la voce o addirittura di gridare. Quindi, se suo figlio fa qualcosa che la fa arrabbiare molto, cerchi di allontanarsi dalla situazione.

Vada in un'altra stanza per un momento, chiuda gli occhi e faccia alcuni respiri profondi. Si ricordi sempre che suo figlio non vuole farla arrabbiare e di solito non vuole nemmeno farla arrabbiare consapevolmente. Anche se sente l'impulso di farla arrabbiare, c'è un motivo e un bisogno dietro. Spesso questo bisogno è l'attenzione. In questo momento, si renda conto che suo figlio non ha un'intenzione personale contro di lei, ma sta esprimendo un bisogno e potrebbe non essere ancora in grado di esprimerlo in altro modo. Per poter esprimere questo bisogno, deve prima riconoscerlo lei stesso, e questo non è facile e richiede molta consapevolezza e pratica. Cerchi quindi di capire suo figlio nel momento in cui si trova e faccia un respiro profondo. Con una mente più chiara, reagirà in modo meno impulsivo ed eviterà l'escalation.

Questo non funzionerà sempre, e certamente non all'inizio. All'inizio, cerchi di prendere nota e di fermarsi brevemente nella situazione. Si conceda del tempo. Cambiare il comportamento a lungo termine può essere difficile.

9. Sviluppi strategie contro e in caso di richieste eccessive.

Nelle situazioni di crisi, spesso non siamo più in grado di pensare con chiarezza. Ecco perché ha senso pensare a quali strategie potrebbero essere utili in queste crisi quando mi sento bene. Dovrebbero essercene diverse, perché non tutte aiutano sempre. Ogni giorno è diverso e anche il grado di sopraffazione può variare. Queste strategie ci aiutano a regolare l'intensità, la durata e la qualità delle nostre emozioni. L'obiettivo è evitare di essere in balia delle nostre emozioni e di sentirci impotenti. I genitori hanno la responsabilità di confortare e aiutare il bambino, ma in seguito dovrebbero essere in grado di fare queste cose da soli. È quindi importante sviluppare e praticare queste strategie insieme.

Nel suo libro "Uomini altamente sensibili", Tom Falkenstein descrive i modi per sviluppare strategie che, ovviamente, sono altrettanto utili per le donne.

- Percepire consapevolmente le emozioni (Quali emozioni sto provando in questo momento?).
- Essere in grado di riconoscere i fattori scatenanti (qual è esattamente il fattore scatenante? È sempre in questa situazione?).
- Riconoscere e accettare le emozioni (riconoscere i sentimenti e tollerarli, senza agire immediatamente; va bene sentirsi così).
- Valorizzare le emozioni come qualcosa di normale (Tutti provano dei sentimenti, è giusto sentirsi così).
- Riconoscere il collegamento tra i bisogni emotivi di base e le emozioni (sento... perché ho bisogno di...).
- Autosostegno (avere compassione per se stessi; immaginazione: come parlerei a un amico?)
- Autosuggestione (trovare pensieri alternativi e calmanti "Tutto andrà bene")
- Cambiamenti comportamentali concreti nella situazione (fare consapevolmente qualcosa di diverso; cambiare per migliorare la situazione).

• Uso del rilassamento fisico (rilassamento muscolare cosciente; esercizi di respirazione)
• Immaginazione (viaggi di fantasia; visualizzazione delle risorse).

Nello sviluppo delle strategie, è importante che suo figlio sia responsabile e possa decidere se aiutarlo o meno. In questo caso, può anche segnalargli che si fida di lui e che non può prendere una decisione sbagliata, perché è lui il professionista del suo corpo. Si offra di aiutarli a risolvere il problema, ma anche in questo caso si tratta di un'offerta volontaria che può anche essere rifiutata.

10. Cercare le opzioni di supporto

Si senta dentro di sé e provi ciò che le offre sostegno nella vita quotidiana. Costruisca una rete, sia nel suo ambiente privato con gli amici, sia in un ambiente professionale con opzioni di supporto da parte di personale specializzato. Non c'è niente di male a cercare un sostegno, può rendere le cose più facili per se stesso. Chieda ai genitori di un amico dell'asilo se suo figlio può giocare con loro questo pomeriggio. Lei potrebbe offrire lo stesso in cambio. E poi sfruttare la giornata per sé e ricaricare le batterie. Anche le babysitter sono spesso un buon modo per prendersi regolarmente del tempo libero o per fare delle cose in pace e tranquillità, eliminando così un po' di stress. Se ha bisogno di sostegno o di uno scambio di idee, può trovare persone che la pensano come lei nei forum su Internet. Tuttavia, deve assicurarsi che i forum e i siti web abbiano un contenuto positivo e che non la influenzino o la opprimano negativamente. Si faccia sostenere mentalmente qui o da buoni amici.

Il supporto professionale sotto forma di programmi terapeutici può essere a lungo o a breve termine. Tuttavia, anche una consulenza professionale o semplicemente la conferma da parte di specialisti che sta facendo tutto bene può rendere le cose più facili. A tale scopo, può visitare i centri di consulenza.